La raccolta di frasari da viaggio
"Andrà tutto bene!"

T&P Books

FRASARIO
GIAPPONESE

Andrey Taranov

I TERMINI E LE ESPRESSIONI PIÙ UTILI

Questo frasario contiene
espressioni e domande
di uso comune che
risulteranno utili
per intraprendere
conversazioni di base
con gli stranieri

T&P BOOKS

Frasario + dizionario da 2 0 vocaboli

Frasario Italiano-Giapponese e mini dizionario da 250 vocaboli

Di Andrey Taranov

La raccolta di frasari da viaggio "Andrà tutto bene!" pubblicati da T&P Books è destinata a coloro che viaggiano all'estero per turismo e per motivi professionali. I frasari contengono ciò che conta di più - gli elementi essenziali per la comunicazione di base. Questa è un'indispensabile serie di frasi utili per "sopravvivere" durante i soggiorni all'estero.

In aggiunta troverete un mini dizionario con 250 vocaboli che risulteranno utili nelle conversazioni di tutti i giorni - i nomi dei mesi e dei giorni della settimana, le unità di misura, i membri della famiglia e molto altro.

Copyright © 2018 T&P Books Publishing

Tutti i diritti riservati. Nessuna parte del presente volume può essere riprodotta o trasmessa in qualsiasi forma o con qualsiasi mezzo elettronico, meccanico, fotocopie, registrazioni o riproduzioni senza l'autorizzazione scritta dell'editore.

T&P Books Publishing
www.tpbooks.com

ISBN: 978-1-78492-673-1

Questo libro è disponibile anche in formato e-book.
Visitate il sito www.tpbooks.com o le principali librerie online.

PREFAZIONE

La raccolta di frasari da viaggio "Andrà tutto bene!" pubblicati da T&P Books è destinata a coloro che viaggiano all'estero per turismo e per motivi professionali. I frasari contengono ciò che conta di più - gli elementi essenziali per la comunicazione di base. Questa è un'indispensabile serie di frasi utili per "sopravvivere" durante i soggiorni all'estero.

Questo frasario potrà esservi di aiuto nella maggior parte dei casi in cui dovrete chiedere informazioni, ottenere indicazioni stradali, domandare quanto costa qualcosa, ecc. Risulterà molto utile per risolvere situazioni dove la comunicazione è difficile e i gesti non possono aiutarci.

Questo libro contiene molte frasi che sono state raggruppate a seconda degli argomenti più importanti. Inoltre, troverete un mini dizionario con i vocaboli più utili - i numeri, le ore, il calendario, i colori ...

Durante i vostri viaggi portate con voi il frasario "Andrà tutto bene!" e disporrete di un insostituibile compagno di viaggio che vi aiuterà nei momenti di difficoltà e vi insegnerà a non avere paura di parlare in un'altra lingua straniera.

INDICE

T&P Books Publishing

PRONUNCIA

Alfabeto fonetico T&P	Hiragana	Katakana	Romaji	Esempio giapponese	Esempio italiano
			Consonanti		
[a]	あ	ア	a	あなた	macchia
[i], [i:]	い	イ	i	いす	vittoria
[u], [u:]	う	ウ	u	うた	prugno
[e]	え	エ	e	いいえ	meno, leggere
[ɔ]	お	オ	o	しお	romanzo
[jɑ]	や	ヤ	ya	やすみ	piazza
[ju]	ゆ	ユ	yu	ふゆ	aiutare
[jɔ]	よ	ヨ	yo	ようす	New York
			Sillabe		
[b]	ば	バ	b	ばん	bianco
[tʃ]	ち	チ	ch	ちち	cinghiale
[d]	だ	ダ	d	からだ	doccia
[f]	ふ	フ	f	ひふ	ferrovia
[g]	が	ガ	g	がっこう	guerriero
[h]	は	ハ	h	はは	[h] aspirate
[dʒ]	じ	ジ	j	じしょ	piangere
[k]	か	カ	k	かぎ	cometa
[m]	む	ム	m	さむらい	mostra
[n]	に	ニ	n	にもつ	notte
[p]	ば	バ	p	パン	pieno
[r]	ら	ラ	r	いくら	ritmo, raro
[s]	さ	サ	s	あさ	sapere
[ɕ]	し	シ	sh	わたし	fasciatura
[t]	た	タ	t	ふた	tattica
[ts]	つ	ツ	ts	いくつ	calzini
[w]	わ	ワ	w	わた	week-end
[dz]	ざ	ザ	z	ざっし	zebra

LISTA DELLE ABBREVIAZIONI

Italiano. Abbreviazioni

agg	-	aggettivo
anim.	-	animato
avv	-	avverbio
cong	-	congiunzione
ecc.	-	eccetera
f	-	sostantivo femminile
f pl	-	femminile plurale
fem.	-	femminile
form.	-	formale
inanim.	-	inanimato
inform.	-	familiare
m	-	sostantivo maschile
m pl	-	maschile plurale
m, f	-	maschile, femminile
masc.	-	maschile
mil.	-	militare
pl	-	plurale
pron	-	pronome
qc	-	qualcosa
qn	-	qualcuno
sing.	-	singolare
v aus	-	verbo ausiliare
vi	-	verbo intransitivo
vi, vt	-	verbo intransitivo, transitivo
vr	-	verbo riflessivo
vt	-	verbo transitivo

FRASARIO GIAPPONESE

Questa sezione contiene
frasi importanti che
potranno rivelarsi utili in
varie situazioni di vita
quotidiana. Il frasario vi sarà
di aiuto per chiedere
indicazioni, chiarire il prezzo
di qualcosa, comprare dei
biglietti e ordinare pietanze
in un ristorante

T&P Books Publishing

INDICE DEL FRASARIO

T&P Books Publishing

Mi scusi, ...	すみません、… sumimasen, ...
Buongiorno.	こんにちは。 konnichiwa
Grazie.	ありがとうございます。 arigatō gozai masu
Arrivederci.	さようなら。 sayōnara
Sì.	はい。 hai
No.	いいえ。 īe
Non lo so.	わかりません。 wakari masen
Dove? | Dove? (~ stai andando?) | Quando?	どこ？ | どこへ？ | いつ？ doko？ | doko e？ | i tsu？
Ho bisogno di ...	…が必要です ... ga hitsuyō desu
Voglio ...	したいです shi tai desu
Avete ...?	…をお持ちですか？ ... wo o mochi desu ka？
C'è un /una/ ... qui?	ここには…がありますか？ koko ni wa ... ga ari masu ka？
Posso ...?	…してもいいですか？ ... shi te mo ī desu ka？
per favore	お願いします。 onegai shi masu
Sto cercando ...	…を探しています ... wo sagashi te i masu
il bagno	トイレ toire
un bancomat	ＡＴＭ ētīemu
una farmacia	薬局 yakkyoku
un ospedale	病院 byōin
la stazione di polizia	警察 keisatsu
la metro	地下鉄 chikatetsu

un taxi	タクシー
	takushī
la stazione (ferroviaria)	駅
	eki

Mi chiamo …	私は…と申します
	watashi wa … to mōshi masu
Come si chiama?	お名前は何ですか?
	o namae wa nan desu ka ?
Mi può aiutare, per favore?	助けていただけますか?
	tasuke te itadake masu ka ?
Ho un problema.	困ったことがあります。
	komatta koto ga arimasu
Mi sento male.	気分が悪いのです。
	kibun ga warui nodesu
Chiamate l'ambulanza!	救急車を呼んで下さい!
	kyūkyū sha wo yon de kudasai !
Posso fare una telefonata?	電話をしてもいいですか?
	denwa wo shi te mo ī desu ka ?

Mi dispiace.	ごめんなさい。
	gomennasai
Prego.	どういたしまして。
	dōitashimashite

io	私
	watashi
tu	君
	kimi
lui	彼
	kare
lei	彼女
	kanojo
loro (m)	彼ら
	karera
loro (f)	彼女たち
	kanojotachi
noi	私たち
	watashi tachi
voi	君たち
	kimi tachi
Lei	あなた
	anata

ENTRATA	入り口
	iriguchi
USCITA	出口
	deguchi
FUORI SERVIZIO	故障中
	koshō chū
CHIUSO	休業中
	kyūgyō chū

APERTO	営業中 eigyō chū
DONNE	女性用 josei yō
UOMINI	男性用 dansei yō

Domande

Dove?	どこ？ doko ?
Dove? (~ stai andando?)	どこへ？ doko e ?
Da dove?	どこから？ doko kara ?
Perchè?	どうしてですか？ dōshite desu ka ?
Per quale motivo?	なんのためですか？ nan no tame desu ka ?
Quando?	いつですか？ i tsu desu ka ?

Per quanto tempo?	どのぐらいですか？ dono gurai desu ka ?
A che ora?	何時にですか？ nan ji ni desu ka ?
Quanto?	いくらですか？ ikura desu ka ?
Avete ...?	…をお持ちですか？ … wo o mochi desu ka ?
Dov'e ...?	…はどこですか？ … wa doko desu ka ?

Che ore sono?	何時ですか？ nan ji desu ka ?
Posso fare una telefonata?	電話をしてもいいですか？ denwa wo shi te mo ī desu ka ?
Chi è?	誰ですか？ dare desu ka ?
Si può fumare qui?	ここでタバコを吸ってもいいですか？ koko de tabako wo sutte mo ī desu ka ?
Posso ...?	…してもいいですか？ … shi te mo ī desu ka ?

Necessità

Vorrei ...	…をしたいのですが … wo shi tai no desu ga
Non voglio ...	…したくないです … shi taku nai desu
Ho sete.	喉が渇きました。 nodo ga kawaki mashi ta
Ho sonno.	眠りたいです。 nemuri tai desu
Voglio ...	したいです shi tai desu
lavarmi	洗いたい arai tai
lavare i denti	歯を磨きたい ha wo migaki tai
riposae un po'	しばらく休みたい shibaraku yasumi tai
cambiare i vestiti	着替えたい kigae tai
tornare in albergo	ホテルに戻る hoteru ni modoru
comprare ...	…を買う … wo kau
andare a ...	…へ行く … e iku
visitare ...	…を訪問する … wo hōmon suru
incontrare ...	…と会う … to au
fare una telefonata	電話をする denwa wo suru
Sono stanco.	疲れています。 tsukare te i masu
Siamo stanchi.	私たちは疲れました。 watashi tachi wa tsukare mashita
Ho freddo.	寒いです。 samui desu
Ho caldo.	暑いです。 atsui desu
Sto bene.	大大夫です。 daijōbu desu

Devo fare una telefonata.　　　　　電話をしなければなりません。
　　　　　　　　　　　　　　　　　denwa wo shi nakere ba nari masen

Devo andare in bagno.　　　　　　　トイレへ行きたいです。
　　　　　　　　　　　　　　　　　toire e iki tai desu

Devo andare.　　　　　　　　　　　行かなければいけません。
　　　　　　　　　　　　　　　　　ika nakere ba ike masen

Devo andare adesso.　　　　　　　　今すぐ行かなければいけません。
　　　　　　　　　　　　　　　　　ima sugu ika nakere ba ike masen

Come chiedere indicazioni

Mi scusi, ...

すみません、…
sumimasen, ...

Dove si trova ...?

…はどこですか？
... wa doko desu ka ?

Da che parte è ...?

…はどちらですか？
...wa dochira desu ka ?

Mi può aiutare, per favore?

助けていただけますか？
tasuke te itadake masu ka ?

Sto cercando ...

…を探しています
... wo sagashi te i masu

Sto cercando l'uscita.

出口を探しています。
deguchi wo sagashi te i masu

Sto andando a ...

…へ行く予定です
... e iku yotei desu

Sto andando nella direzione
giusta per ...?

…へはこの道で合っていますか？
...e wa kono michi de atte i masu ka ?

E' lontano?

遠いですか？
tōi desu ka ?

Posso andarci a piedi?

そこまで歩いて行けますか？
soko made arui te ike masu ka ?

Può mostrarmi sulla piantina?

地図で教えて頂けますか？
chizu de oshie te itadake masu ka ?

Può mostrarmi dove ci troviamo adesso.

今どこにいるかを教えて下さい。
ima doko ni iru ka wo oshie te kudasai

Qui

ここです
koko desu

Là

あちらです
achira desu

Da questa parte

こちらです
kochira desu

Giri a destra.

右に曲がって下さい。
migi ni magatte kudasai

Giri a sinistra.

左に曲がって下さい。
hidari ni magatte kudasai

La prima (la seconda, la terza) strada

１つ目（２つ目、３つ目）
の曲がり角
hitotsume (futatsume, mittsume)
no magarikado

a destra

右に
migi ni

a sinistra

左に
hidari ni

Vada sempre dritto.

まっすぐ歩いて下さい。
massugu arui te kudasai

Segnaletica

BENVENUTO!	いらっしゃいませ！ irasshai mase !
ENTRATA	入り口 iriguchi
USCITA	出口 deguchi
SPINGERE	押す osu
TIRARE	引く hiku
APERTO	営業中 eigyō chū
CHIUSO	休業中 kyūgyō chū
DONNE	女性用 josei yō
UOMINI	男性用 dansei yō
BAGNO UOMINI	男性用 dansei yō
BAGNO DONNE	女性用 josei yō
SALDI | SCONTI	営業 eigyō
IN SALDO	セール sēru
GRATIS	無料 muryō
NOVITA!	新商品！ shin shōhin !
ATTENZIONE!	目玉品！ medama hin !
COMPLETO	満員 man in
RISERVATO	ご予約済み go yoyaku zumi
AMMINISTRAZIONE	管理 kanri
RISERVATO AL PERSONALE	社員専用 shain senyō

ATTENTI AL CANE!

猛犬注意
mōken chūi

VIETATO FUMARE

禁煙！
kin en !

NON TOCCARE

触るな危険！
sawaru na kiken !

PERICOLOSO

危ない
abunai

PERICOLO

危険
kiken

ALTA TENSIONE

高電圧
kō denatsu

DIVIETO DI BALNEAZIONE

水泳禁止！
suiei kinshi !

FUORI SERVIZIO

故障中
koshō chū

INFIAMMABILE

火気注意
kaki chūi

VIETATO

禁止
kinshi

VIETATO L'ACCESSO

通り抜け禁止！
tōrinuke kinshi !

PITTURA FRESCA

ペンキ塗り立て
penki nuritate

CHIUSO PER RESTAURO

改装閉鎖中
kaisō heisa chū

LAVORI IN CORSO

この先工事中
kono saki kōji chū

DEVIAZIONE

迂回
ukai

Mezzi di trasporto - Frasi generiche

aereo	飛行機 hikōki
treno	電車 densha
autobus	バス basu
traghetto	フェリー ferī
taxi	タクシー takushī
macchina	車 kuruma
orario	時刻表 jikoku hyō
Dove posso vedere l'orario?	どこで時刻表を見られますか？ doko de jikoku hyō wo mirare masu ka ?
giorni feriali	平日 heijitsu
giorni di festa (domenica)	週末 shūmatsu
giorni festivi	祝日 kokumin no syukujitsu
PARTENZA	出発 shuppatsu
ARRIVO	到着 tōchaku
IN RITARDO	遅延 chien
CANCELLATO	欠航 kekkō
il prossimo (treno, ecc.)	次の tsugi no
il primo	最初の saisho no
l'ultimo	最後の saigono
Quando è il prossimo ...?	次の…はいつですか？ tsugi no ... wa i tsu desu ka ?
Quando è il primo ...?	最初の…はいつですか？ saisho no ... wa i tsu desu ka ?

Quando è l'ultimo …?	最後の…はいつですか？ saigo no … wa i tsu desu ka ?
scalo	乗り継ぎ noritsugi
effettuare uno scalo	乗り継ぎをする noritsugi wo suru
Devo cambiare?	乗り継ぎをする必要がありますか？ noritsugi o suru hitsuyō ga ari masu ka ?

Acquistando un biglietto

Dove posso comprare i biglietti?	どこで乗車券を買えますか？ doko de jōsha ken wo kae masu ka ?
biglietto	乗車券 jōsha ken
comprare un biglietto	乗車券を買う jōsha ken wo kau
il prezzo del biglietto	乗車券の値段 jōsha ken no nedan
Dove?	どこへ？ doko e ?
In quale stazione?	どこの駅へ？ doko no eki e ?
Avrei bisogno di …	…が必要です … ga hitsuyō desu
un biglietto	券 1枚 ken ichi mai
due biglietti	2枚 ni mai
tre biglietti	3枚 san mai
solo andata	片道 katamichi
andata e ritorno	往復 ōfuku
prima classe	ファーストクラス fāsuto kurasu
seconda classe	エコノミークラス ekonomī kurasu
oggi	今日 kyō
domani	明日 ashita
dopodomani	あさって asatte
la mattina	朝に asa ni
nel pomeriggio	昼に hiru ni
la sera	晩に ban ni

posto lato corridoio	通路側の席 tsūro gawa no seki
posto lato finestrino	窓側の席 madogawa no seki
Quanto?	いくらですか？ ikura desu ka ?
Posso pagare con la carta di credito?	カードで支払いができますか？ kādo de shiharai ga deki masu ka ?

Autobus

autobus	バス basu
autobus interurbano	高速バス kōsoku basu
fermata dell'autobus	バス停 basutei
Dov'è la fermata dell'autobus più vicina?	最寄りのバス停はどこですか？ moyori no basutei wa doko desu ka ?
numero	数 kazu
Quale autobus devo prendere per andare a ...?	…に行くにはどのバスに乗れば いいですか ？ …ni iku niwa dono basu ni nore ba ī desu ka …?
Questo autobus va a ...?	このバスは…まで行きますか？ kono basu wa … made iki masu ka ?
Qual'è la frequenza delle corse degli autobus?	バスはどのくらいの頻度で 来ますか？ basu wa dono kurai no hindo de ki masu ka?
ogni 15 minuti	１５分おき jyū go fun oki
ogni mezzora	３０分おき sanjuppun oki
ogni ora	１時間に １回 ichi jikan ni ittu kai
più a volte al giorno	１日に数回 ichi nichi ni sū kai
... volte al giorno	１日に…回 ichi nichi ni … kai
orario	時刻表 jikoku hyō
Dove posso vedere l'orario?	どこで時刻表を見られますか？ doko de jikoku hyō wo mirare masu ka ?
Quando passa il prossimo autobus?	次のバスは何時ですか？ tsugi no basu wa nan ji desu ka ?
A che ora è il primo autobus?	最初のバスは何時ですか？ saisho no basu wa nan ji desu ka ?
A che ora è l'ultimo autobus?	最後のバスは何時ですか？ saigo no basu wa nan ji desu ka ?

fermata

バス停、停留所
basutei, teiryūjo

prossima fermata

次のバス停、次の停留所
tsugi no basutei, tsugi no teiryūjo

ultima fermata

最終停留所
saishū teiryūjo

Può fermarsi qui, per favore.

ここで止めてください。
koko de tome te kudasai

Mi scusi, questa è la mia fermata.

すみません、ここで降ります。
sumimasen, koko de ori masu

Treno

treno	電車 densha
treno locale	郊外電車 kōgai densha
treno a lunga percorrenza	長距離列車 chōkyori ressha
stazione (~ ferroviaria)	電車の駅 densha no eki
Mi scusi, dov'è l'uscita per il binario?	すみません、ホームへはど う行けばいいですか？ sumimasen, hōmu e wa dō ike ba ī desu ka?

Questo treno va a ...?	この電車は…まで行きますか？ kono densha wa ... made iki masu ka ?
il prossimo treno	次の駅 tsugi no eki
Quando è il prossimo treno?	次の電車は何時ですか？ tsugi no densha wa nan ji desu ka ?
Dove posso vedere l'orario?	どこで時刻表を見られますか？ doko de jikoku hyō wo mirare masu ka ?
Da quale binario?	どのホームからですか？ dono hōmu kara desu ka ?
Quando il treno arriva a ... ?	電車はいつ到着しますか…？ densha wa i tsu tōchaku shi masu ka ...?

Mi può aiutare, per favore.	助けて下さい。 tasuke te kudasai
Sto cercando il mio posto.	私の座席を探しています。 watashi no zaseki wo sagashi te i masu
Stiamo cercando i nostri posti.	私たちの座席を探し ています。 watashi tachi no zaseki wo sagashi te i masu
Il mio posto è occupato.	私の席に他の人が 座っています。 watashi no seki ni hoka no hito ga suwatte i masu
I nostri posti sono occupati.	私たちの席に他の人が 座っています。 watashi tachi no seki ni hoka no hito ga suwatte i masu.

Mi scusi, ma questo è il mio posto.

すみませんが、こちらは私
の席です。
sumimasen ga, kochira wa watashi
no seki desu

E' occupato?

この席はふさがっていますか？
kono seki wa husagatte i masu ka ?

Posso sedermi qui?

ここに座ってもいいですか？
koko ni suwatte mo ī desu ka ?

Sul treno - Dialogo (Senza il biglietto)

Biglietto per favore.	乗車券を見せて下さい。 jōsha ken wo mise te kudasai
Non ho il biglietto.	乗車券を持っていません。 jōsha ken wo motte i masen
Ho perso il biglietto.	乗車券を失くしました。 jōsha ken wo nakushi mashi ta
Ho dimenticato il biglietto a casa.	乗車券を家に忘れました。 jōsha ken wo ie ni wasure mashi ta
Può acquistare il biglietto da me.	私からも乗車券を購入できます。 watashi kara mo jōsha ken wo kōnyū deki masu
Deve anche pagare una multa.	それから罰金を払わなけれ ばいけません。 sorekara bakkin wo harawa nakere ba ike masen
Va bene.	わかりました。 wakari mashi ta
Dove va?	行き先はどこですか？ yukisaki wa doko desu ka ?
Vado a ...	…に行きます。 … ni iki masu
Quanto? Non capisco.	いくらですか？ わかりません。 ikura desu ka ? wakari masen
Può scriverlo per favore.	書いてください。 kai te kudasai
D'accordo. Posso pagare con la carta di credito?	わかりました。クレジットカード で支払いできますか？ wakari mashi ta. kurejittokādo de shiharaideki masu ka?
Sì.	はい。 hai
Ecco la sua ricevuta.	レシートです。 reshīto desu
Mi dispiace per la multa.	罰金をいただいてすみません。 bakkin wo itadaite sumimasen
Va bene così. È stata colpa mia.	大丈夫です。私のせいですから。 daijōbu desu. watashi no sei desu kara
Buon viaggio.	良い旅を。 yoi tabi wo

Taxi

taxi	タクシー takushī
tassista	タクシー運転手 takushī unten shu
prendere un taxi	タクシーをひろう takushī wo hirō
posteggio taxi	タクシー乗り場 takushī noriba
Dove posso prendere un taxi?	どこでタクシーをひろえますか？ doko de takushī wo hiroe masu ka ?
chiamare un taxi	タクシーを呼ぶ takushī wo yobu
Ho bisogno di un taxi.	タクシーが必要です。 takushī ga hitsuyō desu
Adesso.	今すぐ。 ima sugu
Qual'è il suo indirizzo?	住所はどこですか？ jūsho wa doko desu ka ?
Il mio indirizzo è ...	私の住所は…です watashi no jūsho wa ... desu
La sua destinazione?	どちらへ行かれますか？ dochira e ikare masu ka ?
Mi scusi, ...	すみません、… sumimasen, ...
E' libero?	乗ってもいいですか？ nottemo ī desu ka ?
Quanto costa andare a ...?	…までいくらですか？ ... made ikura desu ka ?
Sapete dove si trova?	どこにあるかご存知ですか？ doko ni aru ka gozonji desu ka ?
All'aeroporto, per favore.	空港へお願いします。 kūkō e onegai shi masu
Si fermi qui, per favore.	ここで止めてください。 koko de tome te kudasai
Non è qui.	ここではありません。 koko de wa ari masen
È l'indirizzo sbagliato.	その住所は間違っています。 sono jūsho wa machigatte i masu
Giri a sinistra.	左へ曲がって下さい hidari e magatte kudasai
Giri a destra.	右へ曲がって下さい migi e magatte kudasai

Quanto le devo?	いくらですか？ ikura desu ka ?
Potrei avere una ricevuta, per favore.	領収書を下さい。 ryōshū sho wo kudasai
Tenga il resto.	おつりはいりません。 o tsuri hairi masen

Può aspettarmi, per favore?	待っていて頂けますか？ matte i te itadake masu ka?
cinque minuti	5分 go fun
dieci minuti	10分 juppun
quindici minuti	15分 jyū go fun
venti minuti	20分 nijuppun
mezzora	30分 sanjuppun

Hotel

Salve.	こんにちは。 konnichiwa
Mi chiamo ...	私の名前は…です watashi no namae wa ... desu
Ho prenotato una camera.	予約をしました。 yoyaku wo shi mashi ta
Ho bisogno di ...	私は…が必要です watashi wa ... ga hitsuyō desu
una camera singola	シングルルーム shinguru rūmu
una camera doppia	ツインルーム tsuin rūmu
Quanto costa questo?	いくらですか？ ikura desu ka ?
È un po' caro.	それは少し高いです。 sore wa sukoshi takai desu
Avete qualcos'altro?	他にも選択肢はありますか？ hoka ni mo sentakushi wa ari masu ka ?
La prendo.	それにします。 sore ni shi masu
Pago in contanti.	現金で払います。 genkin de harai masu
Ho un problema.	困ったことがあります。 komatta koto ga arimasu
Il mio ... è rotto.	私の…が壊れています。 watashi no ... ga koware te i masu
Il mio ... è fuori servizio.	私の…が故障しています。 watashi no ... ga koshō shi te i masu
televisore	テレビ terebi
condizionatore	エアコン eakon
rubinetto	蛇口 jaguchi
doccia	シャワー shawā
lavandino	流し台 nagashi dai
cassaforte	金庫 kinko

serratura	錠 jō
presa elettrica	電気のコンセント dengen no konsento
asciugacapelli	ドライヤー doraiyā

Non ho ...	…がありません … ga ari masen
l'acqua	水 mizu
la luce	明かり akari
l'elettricità	電気 denki

Può darmi ...?	…を頂けませんか？ … wo itadake masenka ?
un asciugamano	タオル taoru
una coperta	毛布 mōfu
delle pantofole	スリッパ surippa
un accappatoio	バスローブ basurōbu
dello shampoo	シャンプーを何本か shanpū wo nannbon ka
del sapone	石鹸をいくつか sekken wo ikutsu ka

Vorrei cambiare la camera.	部屋を変えたいのですが。 heya wo kae tai no desu ga
Non trovo la chiave.	鍵が見つかりません。 kagi ga mitsukarimasenn
Potrebbe aprire la mia camera, per favore?	部屋を開けて頂けますか？ heya wo ake te itadake masu ka ?
Chi è?	誰ですか？ dare desu ka ?
Avanti!	どうぞお入り下さい dōzo o hairikudasai

| Un attimo! | 少々お待ち下さい！
shōshō omachi kudasai ! |
| Non adesso, per favore. | 後にしてもらえますか。
ato ni shi te morae masu ka |

| Può venire nella mia camera, per favore. | 私の部屋に来て下さい。
watashi no heya ni ki te kudasai |
| Vorrei ordinare qualcosa da mangiare. | 食事サービスをお願いしたいのですが。
shokuji sābisu wo onegai shi tai no desu ga |

Il mio numero di camera è …	私の部屋の番号は… watashi no heya no bangō wa …
Parto …	チェックアウトします… tyekkuauto shi masu …
Partiamo …	私たちはチェックアウトします… watashi tachi wa tyekkuauto shi masu …
adesso	今すぐ ima sugu
questo pomeriggio	今日の午後 kyō no gogo
stasera	今晩 konban
domani	明日 ashita
domani mattina	明日の朝 ashita no asa
domani sera	明日の夕方 ashita no yūgata
dopodomani	あさって asatte

Vorrei pagare.	支払いをしたいのですが。 shiharai wo shi tai no desu ga
È stato tutto magnifico.	何もかもがよかったです。 nanimokamo ga yokatta desu
Dove posso prendere un taxi?	どこでタクシーをひろえますか？ doko de takushī wo hiroe masu ka ?
Potrebbe chiamarmi un taxi, per favore?	タクシーを呼んでいただけますか？ takushī wo yon de itadake masu ka ?

Al Ristorante

Posso vedere il menù, per favore?	メニューを頂けますか？ menyū wo itadake masu ka ?
Un tavolo per una persona.	一人用の席をお願いします。 hitori yō no seki wo onegai shimasu
Siamo in due (tre, quattro).	2人（3人、4人）です。 futari (san nin, yon nin) desu
Fumatori	喫煙 kitsuen
Non fumatori	禁煙 kinen
Mi scusi!	すみません！ sumimasen !
il menù	メニュー menyū
la lista dei vini	ワインリスト wain risuto
Posso avere il menù, per favore.	メニューを下さい。 menyū wo kudasai
È pronto per ordinare?	ご注文をお伺いしても よろしいですか？ go chūmon wo o ukagai shi te mo yoroshī desu ka?
Cosa gradisce?	ご注文は何にしますか？ go chūmon wa nani ni shi masu ka ?
Prendo ...	…を下さい。 … wo kudasai
Sono vegetariano.	私はベジタリアンです。 watashi wa bejitarian desu
carne	肉 niku
pesce	魚 sakana
verdure	野菜 yasai
Avete dei piatti vegetariani?	ベジタリアン向けの料理はありますか？ bejitarian muke no ryōri wa ari masu ka?
Non mangio carne di maiale.	私は豚肉を食べません。 watashi wa butaniku o tabe masen

Lui /lei/ non mangia la carne.
彼 /彼女/ は肉を食べません。
kare /kanojo/ wa niku o tabe masen

Sono allergico a …
私は…にアレルギーがあります
watashi wa … ni arerugī ga ari masu

Potrebbe portarmi …
…を持ってきてもらえますか
… wo motte ki te morae masu ka

del sale | del pepe | dello zucchero
塩 | 胡椒 | 砂糖
shio | koshō | satō

un caffè | un tè | un dolce
コーヒー | お茶 | デザート
kōhī | ocha | dezāto

dell'acqua | frizzante | naturale
水 | スパークリングウォーター | 真水
mizu | supāku ringu wōtā | mamizu

un cucchiaio | una forchetta | un coltello
スプーン | フォーク | ナイフ
supūn | fōku | naifu

un piatto | un tovagliolo
プレート | ナプキン
purēto | napukin

Buon appetito!
どうぞお召し上がりください
dōzo omeshiagari kudasai

Un altro, per favore.
もう一つお願いします
mō hitotsu onegai shi masu

È stato squisito.
とても美味しかったです。
totemo oishikatta desu

il conto | il resto | la mancia
勘定 | おつり | チップ
kanjō | o tsuri | chippu

Il conto, per favore.
お勘定をお願いします。
o kanjō wo onegai shi masu

Posso pagare con la carta di credito?
カードで支払いができますか？
kādo de shiharai ga deki masu ka ?

Mi scusi, c'è un errore.
すみません、間違いがあります。
sumimasen, machigai ga ari masu

Shopping

Posso aiutarla?	いらっしゃいませ。 irasshai mase
Avete …?	…をお持ちですか？ … wo o mochi desu ka ?
Sto cercando …	…を探しています … wo sagashi te i masu
Ho bisogno di …	…が必要です … ga hitsuyō desu
Sto guardando.	ただ見ているだけです。 tada mi te iru dake desu
Stiamo guardando.	私たちはただ見ているだけです。 watashi tachi wa tada mi te iru dake desu
Ripasserò più tardi.	また後で来ます。 mata atode ki masu
Ripasseremo più tardi.	また後で来ます。 mata atode ki masu
sconti | saldi	値引き ｜ セール nebiki | sēru
Per favore, mi può far vedere …?	…を見せていただけますか … wo mise te itadake masu ka
Per favore, potrebbe darmi …	…をいただけますか … wo itadake masu ka
Posso provarlo?	試着できますか？ shichaku deki masu ka ?
Mi scusi, dov'è il camerino?	すみません、試着室はどこですか？ sumimasen, shichaku shitsu wa doko desu ka?
Che colore desidera?	どの色がお好みですか？ dono iro ga o konomi desu ka ?
taglia | lunghezza	サイズ ｜ 長さ saizu | naga sa
Come le sta?	サイズは合いましたか？ saizu wa ai mashi ta ka ?
Quanto costa questo?	これはいくらですか？ kore wa ikura desu ka ?
È troppo caro.	高すぎます。 takasugi masu

Lo prendo.

これにします。
kore ni shi masu

Mi scusi, dov'è la cassa?

すみません、どこで支払いますか？
sumimasen, doko de shiharai masu ka ?

Paga in contanti o con carta di credito?

現金とクレジットカードのどちら
でお支払いされますか？
genkin to kurejittokādo no dochira
de o shiharai sare masu ka?

In contanti | con carta di credito

現金 | クレジットカード
genkin | kurejittokādo

Vuole lo scontrino?

レシートはお入り用ですか？
reshīto ha oiriyō desu ka ?

Sì, grazie.

お願いします。
onegai shi masu

No, va bene così.

いえ、結構です。
ie, kekkō desu

Grazie. Buona giornata!

ありがとうございます。良い一日を！
arigatō gozai masu. yoi ichi nichi wo !

In città

Mi scusi, per favore …	すみません、… sumimasen, …
Sto cercando …	…を探しています watashi wa … wo sagashi te i masu
la metropolitana	地下鉄 chikatetsu
il mio albergo	ホテル hoteru
il cinema	映画館 eiga kan
il posteggio taxi	タクシー乗り場 takushī noriba

un bancomat	ＡＴＭ ētīemu
un ufficio dei cambi	両替所 ryōgae sho
un internet café	インターネットカフェ intānetto kafe
via …	…通り … tōri
questo posto	この場所 kono basho

Sa dove si trova …?	…がどこにあるかご存知ですか？ … ga doko ni aru ka gozonji desu ka ?
Come si chiama questa via?	この通りの名前は何ですか？ kono michi no namae wa nani desu ka ?
Può mostrarmi dove ci troviamo?	今どこにいるかを教えて下さい。 ima doko ni iru ka wo oshie te kudasai
Posso andarci a piedi?	そこまで歩いて行けますか？ soko made arui te ike masu ka?

Avete la piantina della città?	市内地図をお持ちですか？ shinai chizu wo o mochi desu ka ?

Quanto costa un biglietto?	チケットはいくらですか？ chiketto wa ikura desu ka ?
Si può fotografare?	ここで写真を撮ってもいいですか？ koko de shashin wo totte mo ī desu ka ?
E' aperto?	開いていますか？ hirai te i masu ka ?

Quando aprite?

何時に開きますか？
nan ji ni hiraki masu ka ?

Quando chiudete?

何時に閉まりますか？
nan ji ni shimari masu ka ?

Soldi

Soldi	お金 okane
contanti	現金 genkin
banconote	紙幣 shihei
monete	おつり o tsuri
conto | resto | mancia	勘定 | おつり | チップ kanjō | o tsuri | chippu
carta di credito	クレジットカード kurejittokādo
portafoglio	財布 saifu
comprare	買う kau
pagare	支払う shiharau
multa	罰金 bakkin
gratuito	無料 muryō
Dove posso comprare …?	…はどこで買えますか？ … wa doko de kae masu ka ?
La banca è aperta adesso?	銀行は今開いていますか？ ginkō wa ima hirai te i masu ka ?
Quando apre?	いつ開きますか？ itsu hiraki masu ka ?
Quando chiude?	いつ閉まりますか？ itsu shimari masu ka ?
Quanto costa?	いくらですか？ ikura desu ka ?
Quanto costa questo?	これはいくらですか？ kore wa ikura desu ka ?
È troppo caro.	高すぎます。 takasugi masu
Scusi, dov'è la cassa?	すみません、レジはどこですか？ sumimasen, reji wa doko desu ka ?
Il conto, per favore.	勘定をお願いします。 kanjō wo onegai shi masu

Posso pagare con la carta di credito?　カードで支払いができますか？
kādo de shiharai ga deki masu ka ?

C'è un bancomat?　ここにＡＴＭはありますか？
kokoni ētīemu wa ari masu ka ?

Sto cercando un bancomat.　ＡＴＭを探しています。
ētīemu wo sagashi te i masu

Sto cercando un ufficio dei cambi.　両替所を探しています。
ryōgae sho wo sagashi te i masu

Vorrei cambiare …　両替をしたいのですが…
ryōgae wo shi tai no desu ga…

Quanto è il tasso di cambio?　為替レートはいくらですか？
kawase rēto wa ikura desu ka ?

Ha bisogno del mio passaporto?　パスポートは必要ですか？
pasupōto ha hituyō desu ka ?

Le ore

Che ore sono?	何時ですか？ nan ji desu ka ?
Quando?	いつですか？ i tsu desu ka ?
A che ora?	何時にですか？ nan ji ni desu ka ?
adesso | più tardi | dopo …	今 | 1後で | …の後 ima |ato de | … no ato
l'una	1時 ichi ji
l'una e un quarto	1時 15分 ichi ji jyū go fun
l'una e trenta	1時半 ichi ji han
l'una e quarantacinque	1時45分 ichi ji yon jyū go fun
uno | due | tre	1 | 2 | 3 ichi | ni | san
quattro | cinque | sei	4 | 5 | 6 yonn | go |roku
sette | otto | nove	7 | 8 | 9 shichi | hachi | kyū
dieci | undici | dodici	10 | 11 | 12 jyū | jyūichi | jyūni
fra …	…後 … go
cinque minuti	5分 go fun
dieci minuti	10分 juppun
quindici minuti	15分 jyū go fun
venti minuti	20分 nijuppun
mezzora	30分 sanjuppun
un'ora	一時間 ichi jikan

la mattina	朝に asa ni
la mattina presto	早朝 sōchō
questa mattina	今朝 kesa
domani mattina	明日の朝 ashita no asa
all'ora di pranzo	ランチのときに ranchi no toki ni
nel pomeriggio	午後に gogo ni
la sera	夕方 yūgata
stasera	今夜 konya
la notte	夜 yoru
ieri	昨日 kinō
oggi	今日 kyō
domani	明日 ashita
dopodomani	あさって asatte
Che giorno è oggi?	今日は何曜日ですか？ kyō wa nan yōbi desu ka ?
Oggi è …	…です … desu
lunedì	月曜日 getsuyōbi
martedì	火曜日 kayōbi
mercoledì	水曜日 suiyōbi
giovedì	木曜日 mokuyōbi
venerdì	金曜日 kinyōbi
sabato	土曜日 doyōbi
domenica	日曜日 nichiyōbi

Saluti - Presentazione

Salve.
こんにちは。
konnichiwa

Lieto di conoscerla.
お会いできて嬉しいです。
o aideki te ureshī desu

Il piacere è mio.
こちらこそ。
kochira koso

Vi presento ...
…さんに会わせていただきたいのですが
… san ni awasete itadaki tai no desu ga

Molto piacere.
初めまして。
hajime mashite

Come sta?
お元気ですか？
o genki desu ka ?

Mi chiamo ...
私の名前は…です
watashi no namae wa ... desu

Si chiama ... (m)
彼の名前は…です
kare no namae wa ... desu

Si chiama ... (f)
彼女の名前は…です
kanojo no namae wa ... desu

Come si chiama?
お名前は何ですか？
o namae wa nan desu ka ?

Come si chiama lui?
彼の名前は何ですか？
kare no namae wa nan desu ka ?

Come si chiama lei?
彼女の名前は何ですか？
kanojo no namae wa nan desu ka ?

Qual'è il suo cognome?
苗字は何ですか？
myōji wa nan desu ka ?

Può chiamarmi ...
…と呼んで下さい
… to yon de kudasai

Da dove viene?
ご出身はどちらですか？
go shusshin wa dochira desu ka ?

Vengo da ...
…の出身です
… no shusshin desu

Che lavoro fa?
お仕事は何をされていますか？
o shigoto wa nani wo sare te i masu ka ?

Chi è?
誰ですか？
dare desu ka ?

Chi è lui?
彼は誰ですか？
kare wa dare desu ka ?

Chi è lei?
彼女は誰ですか？
kanojo wa dare desu ka ?

Chi sono loro?
彼らは誰ですか？
karera wa dare desu ka ?

Questo è …	こちらは… kochira wa …
il mio amico	私の友達です watashi no tomodachi desu
la mia amica	私の友達です watashi no tomodachi desu
mio marito	私の主人です watashi no shujin desu
mia moglie	私の妻です watashi no tsuma desu
mio padre	私の父です watashi no chichi desu
mia madre	私の母です watashi no haha desu
mio fratello	私の兄です watashi no ani desu
mia sorella	私の妹です watashi no imōto desu
mio figlio	私の息子です watashi no musuko desu
mia figlia	私の娘です watashi no musume desu
Questo è nostro figlio.	私たちの息子です。 watashi tachi no musuko desu
Questa è nostra figlia.	私たちの娘です。 watashi tachi no musume desu
Questi sono i miei figli.	私の子供です。 watashi no kodomo desu
Questi sono i nostri figli.	私たちの子供です。 watashi tachi no kodomo desu

Saluti di commiato

Arrivederci!
さようなら！
sayōnara !

Ciao!
じゃあね！
jā ne !

A domani.
また明日。
mata ashita

A presto.
またね。
mata ne

Ci vediamo alle sette.
7時に会おう。
shichi ji ni ao u

Divertitevi!
楽しんでね！
tanoshin de ne !

Ci sentiamo più tardi.
じゃあ後で。
jā atode

Buon fine settimana.
良い週末を。
yoi shūmatsu wo

Buona notte
お休みなさい。
o yasuminasai

Adesso devo andare.
もう時間です。
mō jikan desu

Devo andare.
もう行かなければなりません。
mō ika nakere ba nari masen

Torno subito.
すぐ戻ります。
sugu modori masu

È tardi.
もう遅いです。
mō osoi desu

Domani devo alzarmi presto.
早く起きなければいけません。
hayaku oki nakere ba ike masen

Parto domani.
明日出発します。
ashita shuppatsu shi masu

Partiamo domani.
私たちは明日出発します。
watashi tachi wa ashita shuppatsu
shi masu

Buon viaggio!
旅行を楽しんで下さい！
ryokō wo tanoshin de kudasai !

È stato un piacere conoscerla.
お会いできて嬉しかったです。
o shiriai ni nare te uresikatta desu

È stato un piacere parlare con lei.
お話できて良かったです。
ohanashi deki te yokatta desu

Grazie di tutto.	色々とありがとうございました。 iroiro to arigatō gozai mashi ta
Mi sono divertito.	とても楽しかったです。 totemo tanoshikatta desu
Ci siamo divertiti.	とても楽しかったです。 totemo tanoshikatta desu
È stato straordinario.	とても楽しかった。 totemo tanoshikatta
Mi mancherà.	寂しくなります。 sabishiku nari masu
Ci mancherà.	寂しくなります。 sabishiku nari masu

Buona fortuna!	幸運を祈るよ！ kōun wo inoru yo !
Mi saluti ...	…に宜しくお伝え下さい。 … ni yoroshiku otsutae kudasai

Lingua straniera

Non capisco.	分かりません。 wakari masen
Può scriverlo, per favore.	それを書いて頂けますか？ sore wo kai te itadake masu ka ?
Parla ...?	…語で話せますか？ … go de hanase masu ka ?
Parlo un po' ...	…を少し話せます …wo sukoshi hanase masu
inglese	英語 eigo
turco	トルコ語 toruko go
arabo	アラビア語 arabia go
francese	フランス語 furansu go
tedesco	ドイツ語 doitsu go
italiano	イタリア語 itaria go
spagnolo	スペイン語 supein go
portoghese	ポルトガル語 porutogaru go
cinese	中国語 chūgoku go
giapponese	日本語 nihon go
Può ripetere, per favore.	もう一度言っていただけますか。 mōichido itte itadake masuka
Capisco.	分かりました。 wakari mashi ta
Non capisco.	分かりません。 wakari masen
Può parlare più piano, per favore.	もう少しゆっくり話して下さい。 mōsukoshi yukkuri hanashi te kudasai
È corretto?	これで合っていますか？ kore de atte i masu ka ?
Cos'è questo? (Cosa significa?)	これは何ですか？ kore wa nan desu ka ?

Chiedere scusa

Mi scusi, per favore.	すみませんがお願いします。 sumimasen ga onegai shi masu
Mi dispiace.	ごめんなさい。 gomennasai
Mi dispiace molto.	本当にごめんなさい。 hontōni gomennasai
Mi dispiace, è colpa mia.	ごめんなさい、私のせいです。 gomennasai, watashi no sei desu
È stato un mio errore.	私の間違いでした。 watashi no machigai deshi ta
Posso ...?	…してもいいですか？ ... shi te mo ī desu ka ?
Le dispiace se ...?	…してもよろしいですか？ ... shi te mo yoroshī desu ka ?
Non fa niente.	構いません。 kamai masen
Tutto bene.	大大夫です。 daijōbu desu
Non si preoccupi.	それについては心配しないで下さい。 sore ni tuitewa shinpai shi nai de kudasai

Essere d'accordo

Sì.
はい。
hai

Sì, certo.
はい、もちろん。
hai, mochiron

Bene.
わかりました。
wakari mashi ta

Molto bene.
いいですよ。
ī desuyo

Certamente!
もちろん！
mochiron !

Sono d'accordo.
賛成です。
sansei desu

Esatto.
それは正しい。
sore wa tadashī

Giusto.
それは正しい。
sore wa tadashī

Ha ragione.
あなたは合っています。
anata wa atte imasu

È lo stesso.
気にしていません。
kinisite imasen

È assolutamente corretto.
完全に正しいです。
kanzen ni tadashī desu

È possibile.
それは可能です。
sore wa kanō desu

È una buona idea.
それはいい考えです。
sore wa ī kangae desu

Non posso dire di no.
断ることができません。
kotowaru koto ga deki masen

Ne sarei lieto /lieta/.
喜んで。
yorokon de

Con piacere.
喜んで。
yorokon de

Diniego. Esprimere incertezza

No.
いいえ。
īe

Sicuramente no.
もちろん、違います。
mochiron, chigai masu

Non sono d'accordo.
賛成できません。
sansei deki masen

Non penso.
そうは思いません。
sō wa omoi masen

Non è vero.
それは事実ではありません。
sore wa jijitsu de wa ari masen

Si sbaglia.
あなたは間違っています。
anata wa machigatte i masu

Penso che lei si stia sbagliando.
あなたは間違っていると思います。
anata wa machigatte iru to omoi masu

Non sono sicuro.
わかりません。
wakari masen

È impossibile.
それは不可能です。
sore wa fukanō desu

Assolutamente no!
まさか！
masaka！

Esattamente il contrario!
全く反対です。
mattaku hantai desu

Sono contro.
反対です。
hantai desu

Non m'interessa.
構いません。
kamai masen

Non ne ho idea.
全く分かりません。
mattaku wakari masen

Dubito che sia così.
それはどうでしょう。
sore wa dō desyō

Mi dispiace, non posso.
申し訳ありませんが、できません。
mōshiwake arimasenga, deki masen

Mi dispiace, non voglio.
申し訳ありませんが、遠慮させて
いただきたいのです。
mōshiwake arimasenga,ennryosasete
itadakitai no desu

Non ne ho bisogno, grazie.
ありがとうございます。でもそれは
必要ではありません。
arigatō gozai masu. demo sore wa
hitsuyō de wa ari masen

È già tardi.   もう遅いです。
                  mō osoi desu

Devo alzarmi presto.   早く起きなければいけません。
                  hayaku oki nakere ba ike masen

Non mi sento bene.   気分が悪いのです。
                  kibun ga warui nodesu

Esprimere gratitude

Grazie.
ありがとうございます。
arigatō gozai masu

Grazie mille.
どうもありがとうございます。
dōmo arigatō gozai masu

Le sono riconoscente.
本当に感謝しています。
hontōni kansha shi te i masu

Le sono davvero grato.
あなたに本当に感謝しています。
anata ni hontōni kansha shi te i masu

Le siamo davvero grati.
私たちはあなたに本当に
感謝しています。
watashi tachi wa anata ni hontōni
kansha shi te i masu

Grazie per la sua disponibilità.
お時間を頂きましてありがとう
ございました。
o jikan wo itadaki mashi te arigatō
gozai mashi ta

Grazie di tutto.
何もかもありがとうございました。
nanimokamo arigatō gozai mashi ta

Grazie per ...
…をありがとうございます
... wo arigatō gozai masu

il suo aiuto
助けて頂いて
tasuke te itadai te

il bellissimo tempo
すばらしい時間
subarashī jikan

---

il delizioso pranzo
素敵なお料理
suteki na o ryōri

la bella serata
楽しい夜
tanoshī yoru

la bella giornata
素晴らしい 1日
subarashī ichinichi

la splendida gita
楽しい旅
tanoshī tabi

Non c'è di che.
どういたしまして。
dōitashimashite

Prego.
どういたしまして。
dōitashimashite

Con piacere.
いつでもどうぞ。
itsu demo dōzo

È stato un piacere.
どういたしまして。
dōitashimashite

Non ci pensi neanche.

忘れて下さい。
wasure te kudasai

Non si preoccupi.

心配しないで下さい。
shinpai shi nai de kudasai

Congratulazioni. Auguri

Congratulazioni!
おめでとうございます！
omedetō gozai masu !

Buon compleanno!
お誕生日おめでとうございます！
o tanjō bi omedetō gozai masu !

Buon Natale!
メリークリスマス！
merīkurisumasu !

Felice Anno Nuovo!
新年明けましておめでとう
ございます！
shinnen ake mashi te omedetō
gozai masu !

Buona Pasqua!
イースターおめでとうございます！
īsutā omedetō gozai masu !

Felice Hanukkah!
ハヌカおめでとうございます！
hanuka omedetō gozai masu !

Vorrei fare un brindisi.
乾杯をあげたいです。
kanpai wo age tai desu

Salute!
乾杯！
kanpai !

Beviamo a …!
…のために乾杯しましょう！
… no tame ni kanpai shi masho u !

Al nostro successo!
我々の成功のために！
wareware no seikō no tame ni !

Al suo successo!
あなたの成功のために！
anata no seikō no tame ni !

Buona fortuna!
幸運を祈るよ！
kōun wo inoru yo !

Buona giornata!
良い一日をお過ごし下さい！
yoi ichi nichi wo osugoshi kudasai !

Buone vacanze!
良い休日をお過ごし下さい！
yoi kyūjitsu wo osugoshi kudasai !

Buon viaggio!
道中ご無事で！
dōtyū gobujide!

Spero guarisca presto!
早く良くなるといいですね！
hayaku yoku naru to ī desu ne !

Socializzare

Perchè è triste?
なぜ悲しいのですか？
naze kanashī no desu ka ?

Sorrida!
笑って！　元気を出してください！
waratte ! genki wo dashite kudasai !

È libero stasera?
今夜あいていますか？
konya ai te i masu ka ?

Posso offrirle qualcosa da bere?
何か飲みますか？
nani ka nomi masu ka ?

Vuole ballare?
踊りませんか？
odori masen ka ?

Andiamo al cinema.
映画に行きましょう。
eiga ni iki masho u

Posso invitarla ...?
…へ誘ってもいいですか？
... e sasotte mo ī desu ka ?

al ristorante
レストラン
resutoran

al cinema
映画
eiga

a teatro
劇場
gekijō

a fare una passeggiata
散歩
sanpo

A che ora?
何時に？
nan ji ni ?

stasera
今晩
konban

alle sei
6 時
roku ji

alle sette
7 時
shichi ji

alle otto
8 時
hachi ji

alle nove
9 時
kyū ji

Le piace qui?
ここが好きですか？
koko ga suki desu ka ?

È qui con qualcuno?
ここで誰かと一緒ですか？
koko de dare ka to issyodesu ka ?

Sono con un amico /una amica/.
友達と一緒です。
tomodachi to issho desu

Sono con i miei amici.	友人たちと一緒です。 yūjin tachi to issho desu
No, sono da solo /sola/.	いいえ、一人です。 īe, hitori desu

Hai il ragazzo?	彼氏いるの？ kareshi iru no ?
Ho il ragazzo.	私は彼氏がいます。 watashi wa kareshi ga i masu
Hai la ragazza?	彼女いるの？ kanojo iru no ?
Ho la ragazza.	私は彼女がいます。 watashi wa kanojo ga i masu

Posso rivederti?	また会えるかな？ mata aeru ka na ?
Posso chiamarti?	電話してもいい？ denwa shi te mo ī ?
Chiamami.	電話してね。 denwa shi te ne
Qual'è il tuo numero?	電話番号は？ denwa bangō wa ?
Mi manchi.	寂しくなるよ。 sabishiku naru yo

Ha un bel nome.	綺麗なお名前ですね。 kirei na o namae desu ne
Ti amo.	愛しているよ。 aishi te iru yo
Mi vuoi sposare?	結婚しようか kekkon shiyo u ka
Sta scherzando!	冗談でしょう！ jōdan dessyō!
Sto scherzando.	冗談だよ。 jōdan da yo

Lo dice sul serio?	本気ですか？ honki desuka ?
Sono serio.	本気です。 honki desu
Davvero?!	本当ですか？！ hontō desu ka ?!
È incredibile!	信じられません！ shinjirare masen !
Non le credo.	あなたは信じられません。 anata wa shinzirare masen
Non posso.	私にはできません。 watashi ni wa deki masen
No so.	わかりません。 wakari masen
Non la capisco.	おっしゃることが分かりません。 ossharu koto ga wakari masen

Per favore, vada via.	出ていって下さい。 de te itte kudasai
Mi lasci in pace!	ほっといて下さい！ hottoi te kudasai !

Non lo sopporto.	彼には耐えられない。 kare ni wa taerare nai
Lei è disgustoso!	いやな人ですね！ iyana hito desu ne !
Chiamo la polizia!	警察を呼びますよ！ keisatsu wo yobi masuyo !

Comunicare impressioni ed emozioni

Mi piace. これが好きです。
kore ga suki desu

Molto carino. とても素晴らしい。
totemo subarashī

È formidabile! それはすばらしいです！
sore wa subarashī desu !

Non è male. それは悪くはないです。
sore wa waruku wa nai desu

Non mi piace. それが好きではありません。
sore ga suki de wa ari masen

Non è buono. それはよくないです。
sore wa yoku nai desu

È cattivo. それはひどいです。
sore wa hidoi desu

È molto cattivo. それはとてもひどいです。
sore wa totemo hidoi desu

È disgustoso. それは最悪です。
sore wa saiaku desu

Sono felice. 幸せです。
shiawase desu

Sono contento /contenta/. 満足しています。
manzoku shi te i masu

Sono innamorato /innamorata/. 好きな人がいます。
suki na hito ga i masu

Sono calmo. 冷静です。
reisei desu

Sono annoiato. 退屈です。
taikutsu desu

Sono stanco /stanca/. 疲れています。
tsukare te i masu

Sono triste. 悲しいです。
kanashī desu

Sono spaventato. 怖いです。
kowai desu

Sono arrabbiato /arrabiata/. 腹が立ちます。
haraga tachi masu

Sono preoccupato /preoccupata/. 心配しています。
shinpai shi te i masu

Sono nervoso /nervosa/. 緊張しています。
kinchō shi te i masu

Sono geloso /gelosa/.　　　　　嫉妬しています。
　　　　　　　　　　　　　　　shitto shi te i masu

Sono sorpreso /sorpresa/.　　　驚いています。
　　　　　　　　　　　　　　　odoroi te i masu

Sono perplesso.　　　　　　　　恥ずかしいです。
　　　　　　　　　　　　　　　hazukashī desu

Problemi. Incidenti

Ho un problema.	困っています。 komatte imasu
Abbiamo un problema.	困っています。 komatte imasu
Sono perso /persa/.	道に迷いました。 michi ni mayoi mashi ta
Ho perso l'ultimo autobus (treno).	最終バス（電車）を逃しました。 saishūbasu (densha) wo nogashi mashi ta
Non ho più soldi.	もうお金がありません。 mō okane ga ari masen

Ho perso ...	…を失くしました … wo nakushi mashi ta
Mi hanno rubato ...	…を盗まれました … wo nusumare mashi ta
il passaporto	パスポート pasupōto
il portafoglio	財布 saifu
i documenti	書類 shorui
il biglietto	切符 kippu

i soldi	お金 okane
la borsa	ハンドバック handobakku
la macchina fotografica	カメラ kamera
il computer portatile	ノートパソコン nōto pasokon
il tablet	タブレット型コンピューター taburetto gata konpyūtā
il telefono cellulare	携帯電話 keitai denwa

Aiuto!	助けて下さい！ tasuke te kudasai !
Che cosa è successo?	どうしましたか？ dō shi mashi ta ka ?

fuoco	火災 kasai
sparatoria	発砲 happō
omicidio	殺人 satsujin
esplosione	爆発 bakuhatsu
rissa	けんか kenka

Chiamate la polizia!	警察を呼んで下さい！ keisatsu wo yon de kudasai !
Per favore, faccia presto!	急いで下さい！ isoi de kudasai !
Sto cercando la stazione di polizia.	警察署を探しています。 keisatsu sho wo sagashi te imasu
Devo fare una telefonata.	電話をしなければなりません。 denwa wo shi nakere ba nari masen
Posso usare il suo telefono?	お電話をお借りしても良いですか？ o denwa wo o karishi te mo ī desu ka ?

Sono stato /stata/ ...	…されました … sare mashi ta
aggredito /aggredita/	強盗 gōtō
derubato /derubata/	盗まれる nusumareru
violentata	レイプ reipu
assalito /assalita/	暴行される bōkō sareru

Lei sta bene?	大丈夫ですか？ daijōbu desu ka ?
Ha visto chi è stato?	誰が犯人か見ましたか？ dare ga hanninn ka mi mashi ta ka ?
È in grado di riconoscere la persona?	その人がどんな人か 分かりますか？ sono hito ga donna hito ka wakari masu ka?

È sicuro?	本当に大丈夫ですか？ hontōni daijōbu desu ka ?

Per favore, si calmi.	落ち着いて下さい。 ochitsui te kudasai
Si calmi!	気楽に！ kiraku ni !
Non si preoccupi.	心配しないで！ shinpai shi nai de !
Andrà tutto bene.	大丈夫ですから。 daijōbu desu kara

Va tutto bene.

大丈夫ですから。
daijōbu desu kara

Venga qui, per favore.

こちらに来て下さい。
kochira ni ki te kudasai

Devo porle qualche domanda.

いくつかお伺いしたいことがあります。
ikutuka o ukagai shi tai koto ga ari masu

Aspetti un momento, per favore.

少しお待ち下さい。
sukoshi omachi kudasai

Ha un documento d'identità?

身分証明書はお持ちですか？
mibun shōmei sho wa o mochi desu ka ?

Grazie. Può andare ora.

ありがとうございます。もう
行っていいですよ。
arigatō gozai masu. mō
itte ī desuyo

Mani dietro la testa!

両手を頭の後ろで組みなさい！
ryōute wo atama
no ushiro de kuminasai !

È in arresto!

逮捕します
taiho shi masu

Problemi di salute

Mi può aiutare, per favore.	助けて下さい。 tasuke te kudasai
Non mi sento bene.	気分が悪いのです。 kibun ga warui nodesu
Mio marito non si sente bene.	主人の具合が悪いのです。 shujin no guai ga warui no desu
Mio figlio ...	息子の… musuko no ...
Mio padre ...	父の… chichi no ...

Mia moglie non si sente bene.	妻の具合が悪いのです。 tsuma no guai ga warui no desu
Mia figlia ...	娘の… musume no ...
Mia madre ...	母の… haha no ...

Ho mal di ...	…がします ... ga shi masu
testa	頭痛 zutsū
gola	喉が痛い nodo ga itai
pancia	腹痛 fukutsū
denti	歯痛 shitsū

Mi gira la testa.	めまいがします。 memai ga shi masu
Ha la febbre. (m)	彼は熱があります。 kare wa netsu ga ari masu
Ha la febbre. (f)	彼女は熱があります。 kanojo wa netsu ga ari masu
Non riesco a respirare.	息ができません。 iki ga deki masen

Mi manca il respiro.	息切れがします。 ikigire ga shi masu
Sono asmatico.	喘息です。 zensoku desu
Sono diabetico /diabetica/.	糖尿病です。 tōnyō byō desu

Soffro d'insonnia.
不眠症です。
huminsyō desu

intossicazione alimentare
食中毒
shokuchūdoku

Fa male qui.
ここが痛いです。
koko ga itai desu

Mi aiuti!
助けて下さい！
tasuke te kudasai !

Sono qui!
ここにいます！
koko ni i masu !

Siamo qui!
私たちはここにいます！
watashi tachi wa koko ni i masu !

Mi tiri fuori di qui!
ここから出して下さい！
koko kara dashi te kudasai !

Ho bisogno di un dottore.
医者に診せる必要があります。
isha ni miseru hituyō ga arimasu

Non riesco a muovermi.
動けません！
ugoke masen !

Non riesco a muovere le gambe.
足が動きません。
ashi ga ugoki masen

Ho una ferita.
傷があります。
kizu ga ari masu

È grave?
それは重傷ですか？
sore wa jūsyō desu ka ?

I miei documenti sono in tasca.
私に関する書類はポケットに入っています。
watashi nikansuru shorui wa poketto ni haitte i masu

Si calmi!
落ち着いて下さい！
ochitsui te kudasai !

Posso usare il suo telefono?
お電話をお借りしても良いですか？
o denwa wo o karishi te mo ī desu ka ?

Chiamate l'ambulanza!
救急車を呼んで下さい！
kyūkyū sha wo yon de kudasai !

È urgente!
緊急です！
kinkyū desu !

È un'emergenza!
緊急です！
kinkyū desu !

Per favore, faccia presto!
急いで下さい！
isoi de kudasai !

Per favore, chiamate un medico.
医者を呼んでいただけますか？
isha wo yon de itadake masu ka ?

Dov'è l'ospedale?
病院はどこですか？
byōin wa doko desu ka ?

Come si sente?
ご気分はいかがですか？
gokibun wa ikaga desu ka ?

Sta bene?
大丈夫ですか？
daijōbu desu ka ?

Che cosa è successo?	どうしましたか？ dō shi mashi ta ka ?
Mi sento meglio ora.	もう気分が良くなりました。 mō kibun ga yoku narimashita
Va bene.	大丈夫です。 daijōbu desu
Va tutto bene.	大丈夫です。 daijōbu desu

In farmacia

farmacia	薬局 yakkyoku
farmacia di turno	２４時間営業の薬局 nijyū yo jikan eigyō no yakkyoku
Dov'è la farmacia più vicina?	一番近くの薬局はどこですか？ ichiban chikaku no yakkyoku wa doko desu ka?
È aperta a quest'ora?	今開いていますか？ ima ai te i masu ka ?
A che ora apre?	何時に開きますか？ nan ji ni aki masu ka ?
A che ora chiude?	何時に閉まりますか？ nan ji ni shimari masu ka ?
È lontana?	遠いですか？ tōi desu ka ?
Posso andarci a piedi?	そこまで歩いて行けますか？ soko made arui te ike masu ka ?
Può mostrarmi sulla piantina?	地図で教えて頂けますか？ chizu de oshie te itadake masu ka ?
Per favore, può darmi qualcosa per ...	何か…に効くものを下さい nani ka ... ni kiku mono wo kudasai
il mal di testa	頭痛 zutsū
la tosse	咳 seki
il raffreddore	風邪 kaze
l'influenza	インフルエンザ infuruenza
la febbre	発熱 hatsunetsu
il mal di stomaco	胃痛 itsū
la nausea	吐き気 hakike
la diarrea	下痢 geri
la costipazione	便秘 benpi

mal di schiena	腰痛 yōtsū
dolore al petto	胸痛 kyōtsū
fitte al fianco	脇腹の痛み wakibara no itami
dolori addominali	腹痛 fukutsū
pastiglia	薬 kusuri
pomata	軟膏、クリーム nankō, kurīmu
sciroppo	シロップ shiroppu
spray	スプレー supurē
gocce	目薬 megusuri
Deve andare in ospedale.	病院に行かなくてはなりません。 byōin ni ika naku te wa nari masen
assicurazione sanitaria	健康保険 kenkō hoken
prescrizione	処方箋 shohōsen
insettifugo	虫除け mushiyoke
cerotto	絆創膏 bansōkō

Il minimo indispensabile

Mi scusi, ...	すみません、 … sumimasen, ...
Buongiorno.	こんにちは。 konnichiwa
Grazie.	ありがとうございます。 arigatō gozai masu
Arrivederci.	さようなら。 sayōnara
Sì.	はい。 hai
No.	いいえ。 īe
Non lo so.	わかりません。 wakari masen
Dove? | Dove? (~ stai andando?) | Quando?	どこ？ | どこへ？ | いつ？ doko ? | doko e ? | i tsu ?
Ho bisogno di ...	…が必要です ... ga hitsuyō desu
Voglio ...	したいです shi tai desu
Avete ...?	…をお持ちですか？ ... wo o mochi desu ka ?
C'è un /una/ ... qui?	ここには…がありますか？ koko ni wa ... ga ari masu ka ?
Posso ...?	…してもいいですか？ ... shi te mo ī desu ka ?
per favore	お願いします。 onegai shi masu
Sto cercando ...	…を探しています ... wo sagashi te i masu
il bagno	トイレ toire
un bancomat	ATM ētīemu
una farmacia	薬局 yakkyoku
un ospedale	病院 byōin
la stazione di polizia	警察 keisatsu
la metro	地下鉄 chikatetsu

un taxi	タクシー takushī
la stazione (ferroviaria)	駅 eki

Mi chiamo ...	私は…と申します watashi wa ... to mōshi masu
Come si chiama?	お名前は何ですか？ o namae wa nan desu ka ?
Mi può aiutare, per favore?	助けていただけますか？ tasuke te itadake masu ka ?
Ho un problema.	困ったことがあります。 komatta koto ga arimasu
Mi sento male.	気分が悪いのです。 kibun ga warui nodesu
Chiamate l'ambulanza!	救急車を呼んで下さい！ kyūkyū sha wo yon de kudasai !
Posso fare una telefonata?	電話をしてもいいですか？ denwa wo shi te mo ī desu ka ?

Mi dispiace.	ごめんなさい。 gomennasai
Prego.	どういたしまして。 dōitashimashite

io	私 watashi
tu	君 kimi
lui	彼 kare
lei	彼女 kanojo
loro (m)	彼ら karera
loro (f)	彼女たち kanojotachi
noi	私たち watashi tachi
voi	君たち kimi tachi
Lei	あなた anata

ENTRATA	入り口 iriguchi
USCITA	出口 deguchi
FUORI SERVIZIO	故障中 koshō chū
CHIUSO	休業中 kyūgyō chū

APERTO   営業中
                        eigyō chū

DONNE   女性用
                        josei yō

UOMINI   男性用
                        dansei yō

MINI DIZIONARIO

Questa sezione contiene
250 termini utili nelle
conversazioni di tutti i giorni.
Potrete Trovare i nomi dei
mesi e dei giorni della
settimana.
Inoltre, il dizionario contiene
diversi argomenti come:
i colori, le unità di misura,
la famiglia e molto altro

T&P Books Publishing

INDICE DEL DIZIONARIO

T&P Books Publishing

tempo (m)	時間	jikan
ora (f)	時間	jikan
mezzora (f)	3 0 分	san jū fun
minuto (m)	分	fun, pun
secondo (m)	秒	byō
oggi (avv)	今日	kyō
domani	明日	ashita
ieri (avv)	昨日	kinō
lunedì (m)	月曜日	getsuyōbi
martedì (m)	火曜日	kayōbi
mercoledì (m)	水曜日	suiyōbi
giovedì (m)	木曜日	mokuyōbi
venerdì (m)	金曜日	kinyōbi
sabato (m)	土曜日	doyōbi
domenica (f)	日曜日	nichiyōbi
giorno (m)	日	nichi
giorno (m) lavorativo	営業日	eigyōbi
giorno (m) festivo	公休	kōkyū
fine (m) settimana	週末	shūmatsu
settimana (f)	週	shū
la settimana scorsa	先週	senshū
la settimana prossima	来週	raishū
di mattina	朝に	asa ni
nel pomeriggio	午後に	gogo ni
di sera	夕方に	yūgata ni
stasera	今夜	konya
di notte	夜に	yoru ni
mezzanotte (f)	真夜中	mayonaka
gennaio (m)	一月	ichigatsu
febbraio (m)	二月	nigatsu
marzo (m)	三月	sangatsu
aprile (m)	四月	shigatsu
maggio (m)	五月	gogatsu
giugno (m)	六月	rokugatsu
luglio (m)	七月	shichigatsu
agosto (m)	八月	hachigatsu

settembre (m)	九月	kugatsu
ottobre (m)	十月	jūgatsu
novembre (m)	十一月	jūichigatsu
dicembre (m)	十二月	jūnigatsu

in primavera	春に	haru ni
in estate	夏に	natsu ni
in autunno	秋に	aki ni
in inverno	冬に	fuyu ni

mese (m)	月	tsuki
stagione (f) (estate, ecc.)	季節	kisetsu
anno (m)	年	nen

2. Numeri. Numerali

zero (m)	ゼロ	zero
uno	一	ichi
due	二	ni
tre	三	san
quattro	四	yon

cinque	五	go
sei	六	roku
sette	七	nana
otto	八	hachi
nove	九	kyū
dieci	十	jū

undici	十一	jū ichi
dodici	十二	jū ni
tredici	十三	jū san
quattordici	十四	jū yon
quindici	十五	jū go

sedici	十六	jū roku
diciassette	十七	jū shichi
diciotto	十八	jū hachi
diciannove	十九	jū kyū

venti	二十	ni jū
trenta	三十	san jū
quaranta	四十	yon jū
cinquanta	五十	go jū

sessanta	六十	roku jū
settanta	七十	nana jū
ottanta	八十	hachi jū
novanta	九十	kyū jū
cento	百	hyaku

duecento	二百	ni hyaku
trecento	三百	san byaku
quattrocento	四百	yon hyaku
cinquecento	五百	go hyaku

seicento	六百	roppyaku
settecento	七百	nana hyaku
ottocento	八百	happyaku
novecento	九百	kyū hyaku
mille	千	sen

| diecimila | 一万 | ichiman |
| centomila | 10万 | jyūman |

| milione (m) | 百万 | hyakuman |
| miliardo (m) | 十億 | jūoku |

3. L'uomo. Membri della famiglia

uomo (m) (adulto maschio)	男性	dansei
giovane (m)	若者	wakamono
donna (f)	女性	josei
ragazza (f)	少女	shōjo
vecchio (m)	老人	rōjin
vecchia (f)	老婦人	rō fujin

madre (f)	母親	hahaoya
padre (m)	父親	chichioya
figlio (m)	息子	musuko
figlia (f)	娘	musume
fratello (m)	兄、弟、兄弟	ani, otōto, kyōdai
sorella (f)	姉、妹、姉妹	ane, imōto, shimai

genitori (m pl)	親	oya
bambino (m)	子供	kodomo
bambini (m pl)	子供	kodomo
matrigna (f)	継母	keibo
patrigno (m)	継父	keifu

nonna (f)	祖母	sobo
nonno (m)	祖父	sofu
nipote (m) (figlio di un figlio)	孫息子	mago musuko
nipote (f)	孫娘	mago musume
nipoti (pl)	孫	mago

zio (m)	伯父	oji
zia (f)	伯母	oba
nipote (m) (figlio di un fratello)	甥	oi
nipote (f)	姪	mei

moglie (f)	妻	tsuma
marito (m)	夫	otto
sposato (agg)	既婚の	kikon no
sposata (agg)	既婚の	kikon no
vedova (f)	未亡人	mibōjin
vedovo (m)	男やもめ	otokoyamome
nome (m)	名前	namae
cognome (m)	姓	sei
parente (m)	親戚	shinseki
amico (m)	友達	tomodachi
amicizia (f)	友情	yūjō
partner (m)	パートナー	pātonā
capo (m), superiore (m)	上司、上役	jōshi, uwayaku
collega (m)	同僚	dōryō
vicini (m pl)	隣人	rinjin

4. Corpo umano. Anatomia

corpo (m)	身体	shintai
cuore (m)	心臓	shinzō
sangue (m)	血液	ketsueki
cervello (m)	脳	nō
osso (m)	骨	hone
colonna (f) vertebrale	背骨	sebone
costola (f)	肋骨	rokkotsu
polmoni (m pl)	肺	hai
pelle (f)	肌	hada
testa (f)	頭	atama
viso (m)	顔	kao
naso (m)	鼻	hana
fronte (f)	額	hitai
guancia (f)	頬	hō
bocca (f)	口	kuchi
lingua (f)	舌	shita
dente (m)	歯	ha
labbra (f pl)	唇	kuchibiru
mento (m)	あご（頤）	ago
orecchio (m)	耳	mimi
collo (m)	首	kubi
occhio (m)	眼	me
pupilla (f)	瞳	hitomi
sopracciglio (m)	眉	mayu
ciglio (m)	まつげ	matsuge

capelli (m pl)	髪の毛	kaminoke
pettinatura (f)	髪形	kamigata
baffi (m pl)	口ひげ	kuchihige
barba (f)	あごひげ	agohige
portare (~ la barba, ecc.)	生やしている	hayashi te iru
calvo (agg)	はげ頭の	hageatama no
mano (f)	手	te
braccio (m)	腕	ude
dito (m)	指	yubi
unghia (f)	爪	tsume
palmo (m)	手のひら	tenohira
spalla (f)	肩	kata
gamba (f)	足 [脚]	ashi
ginocchio (m)	膝	hiza
tallone (m)	かかと [踵]	kakato
schiena (f)	背中	senaka

5. Abbigliamento. Accessori personali

vestiti (m pl)	洋服	yōfuku
cappotto (m)	オーバーコート	ōbā kōto
pelliccia (f)	毛皮のコート	kegawa no kōto
giubbotto (m), giaccha (f)	ジャケット	jaketto
impermeabile (m)	レインコート	reinkōto
camicia (f)	ワイシャツ	waishatsu
pantaloni (m pl)	ズボン	zubon
giacca (f) (~ di tweed)	ジャケット	jaketto
abito (m) da uomo	背広	sebiro
abito (m)	ドレス	doresu
gonna (f)	スカート	sukāto
maglietta (f)	Tシャツ	tīshatsu
accappatoio (m)	バスローブ	basurōbu
pigiama (m)	パジャマ	pajama
tuta (f) da lavoro	作業服	sagyō fuku
biancheria (f) intima	下着	shitagi
calzini (m pl)	靴下	kutsushita
reggiseno (m)	ブラジャー	burajā
collant (m)	パンティストッキング	pantī sutokkingu
calze (f pl)	ストッキング	sutokkingu
costume (m) da bagno	水着	mizugi
cappello (m)	帽子	bōshi
calzature (f pl)	靴	kutsu
stivali (m pl)	ブーツ	būtsu
tacco (m)	かかと [踵]	kakato

| laccio (m) | 靴ひも | kutsu himo |
| lucido (m) per le scarpe | 靴クリーム | kutsu kurīmu |

guanti (m pl)	手袋	tebukuro
manopole (f pl)	ミトン	miton
sciarpa (f)	マフラー	mafurā
occhiali (m pl)	めがね [眼鏡]	megane
ombrello (m)	傘	kasa

cravatta (f)	ネクタイ	nekutai
fazzoletto (m)	ハンカチ	hankachi
pettine (m)	くし [櫛]	kushi
spazzola (f) per capelli	ヘアブラシ	hea burashi

fibbia (f)	バックル	bakkuru
cintura (f)	ベルト	beruto
borsetta (f)	ハンドバッグ	hando baggu

6. Casa. Appartamento

appartamento (m)	アパート	apāto
camera (f), stanza (f)	部屋	heya
camera (f) da letto	寝室	shinshitsu
sala (f) da pranzo	食堂	shokudō

salotto (m)	居間	ima
studio (m)	書斎	shosai
ingresso (m)	玄関	genkan
bagno (m)	浴室	yokushitsu
gabinetto (m)	トイレ	toire

aspirapolvere (m)	掃除機	sōji ki
frettazzo (m)	モップ	moppu
strofinaccio (m)	ダストクロス	dasuto kurosu
scopa (f)	ほうき	hōki
paletta (f)	ちりとり	chiritori

mobili (m pl)	家具	kagu
tavolo (m)	テーブル	tēburu
sedia (f)	椅子	isu
poltrona (f)	肘掛け椅子	hijikake isu

specchio (m)	鏡	kagami
tappeto (m)	カーペット	kāpetto
camino (m)	暖炉	danro
tende (f pl)	カーテン	kāten
lampada (f) da tavolo	テーブルランプ	tēburu ranpu
lampadario (m)	シャンデリア	shanderia
cucina (f)	台所	daidokoro
fornello (m) a gas	ガスコンロ	gasu konro

fornello (m) elettrico	電気コンロ	denki konro
forno (m) a microonde	電子レンジ	denshi renji
frigorifero (m)	冷蔵庫	reizōko
congelatore (m)	冷凍庫	reitōko
lavastoviglie (f)	食器洗い機	shokkiarai ki
rubinetto (m)	蛇口	jaguchi
tritacarne (m)	肉挽き器	niku hiki ki
spremifrutta (m)	ジューサー	jūsā
tostapane (m)	トースター	tōsutā
mixer (m)	ハンドミキサー	hando mikisā
macchina (f) da caffè	コーヒーメーカー	kōhī mēkā
bollitore (m)	やかん	yakan
teiera (f)	急須	kyūsu
televisore (m)	テレビ	terebi
videoregistratore (m)	ビデオ	bideo
ferro (m) da stiro	アイロン	airon
telefono (m)	電話	denwa

Printed in Great Britain
by Amazon

42841858R00046